W0367261

Max Lucado

Zurück zu Dir

Den Segen Gottes neu erleben

Über den Autor

Max Lucado ist Pastor der Oak Hills Church in San Antonio, Texas. Er ist verheiratet, Vater von drei Töchtern und Autor mehrerer Bücher. Die Zeitschrift „Christianity Today" zählt ihn zu den bekanntesten christlichen Autoren Amerikas. Tatsächlich erreichten seine Bücher bisher eine Gesamtauflage von über 50 Millionen Exemplaren und gewannen einige Preise. So erhielt Max Lucado beispielsweise dreimal den renommierten „Gold Medallion Christian Book of the Year Award".

Max Lucado

Zurück zu Dir

Den Segen Gottes neu erleben

Die amerikanische Originalausgabe
erschien im Verlag Multnomah Books
unter dem Titel „Turn - God Keep Our Land".
© 2005 by Max Lucado
German © 2008 by Gerth Medien GmbH, Asslar,
in der Verlagsgruppe Random House GmbH, München
Originally published in English under the Title
„Turn - God Keep Our Land" by Max Lucado.
Published by Multnomah Books,
a division of Random House, Inc.
12265 Oracle Boulevard, Suite 200
Colorado Springs, Colorado 80921 USA
All non-English rights are contracted through:
Gospel Literature International,
P.O. Box 4060, Ontario, CA 91761-1003, USA.
Aus dem Englischen übersetzt von XY Lastring.

Die Bibelzitate wurden, sofern nicht anders angegeben,
den folgenden Bibelübersetzungen entnommen:
- Gute Nachricht Bibel, revidierte Fassung, durchgesehene Ausgabe in neuer Rechtschreibung, © 2000 Deutsche Bibelgesellschaft, Stuttgart (GN)
Darüber hinaus wurden verwendet:
- Lutherbibel, revidierter Text 1984, durchgesehene Ausgabe in neuer Rechtschreibung, © 1999 Deutsche Bibelgesellschaft, Stuttgart (LÜ 84)
- Revidierte Elberfelder Bibel, © 1985, 1992 R. Brockhaus Verlag, Witten (RE)
- Hoffnung für alle – Die Bibel, durchgesehene Ausgabe in neuer Rechtschreibung, © 1986, 1996, 2002 by International Bible Society, USA.
Übersetzt und herausgegeben durch: Brunnen Verlag Basel, Schweiz (Hfa)
- Einheitsübersetzung der Heiligen Schrift, © 1980 Katholische Bibelanstalt, Stuttgart.
Durchgesehene Ausgabe in neuer Rechtschreibung,
© 1999 Verlag Katholisches Bibelwerk GmbH, Stuttgart (EÜ)

1.Auflage 2009
Bestell-Nr. 816 379
ISBN 978-3-86591-379-1

Umschlaggestaltung: Hanni Plato
Umschlagfoto: Guenter Rossenbach/zefa/Corbis
Satz: Mirjam Kocherscheidt; Gerth Medien GmbH
Druck und Verarbeitung: freiburgergraphischebetriebe

Für Senator John und Sandy Cornyn.
Ich bewundere euren Glauben,
eure Vision und eure Fähigkeit zu leiten.

Inhalt

Einführung

„[Wenn] mein Volk,
über das mein Name ausgerufen ist,
sich demütigt und betet, mich sucht und von
seinen schlechten Wegen umkehrt,
dann höre ich es im Himmel. Ich verzeihe seine
Sünde und bringe seinem Land Heilung."

2. Chronik 7,14; EÜ

Salomo strahlte. Dieser Tag war der bedeutendste seines ganzen Lebens – ja, wahrscheinlich der bedeutendste Tag in der Geschichte des Volkes Israel. Der Tempel, der lang ersehnte Tempel, der Wunsch seines Vaters David, der Traum seiner Vorfahren, der Tempel Israels war endlich erbaut. Das Werk von 70.000 Arbeitern, 80.000 Steinmetzen und 3.600 Vorarbeitern war vollendet. Die Vertäfelungen im Inneren waren mit reinem Gold überzogen worden. Wertvolle Edelsteine glitzerten überall. Und im Allerheiligsten ruhte die Bundeslade. Alles war endlich fertig – vom goldenen Altar bis zu den gewebten Vorhängen.

Nur noch eines fehlte: Die Gegenwart Gottes. Und so bat Salomo darum.

In einem inbrünstigen Gebet rief er: „Und nun, Herr, unser Gott, steh auf und begleite deine Lade, das Wahrzeichen deiner gewaltigen Macht! Komm zu deinem Ruheplatz! Gib deinen Priestern Vollmacht, uns deine Hilfe zu vermitteln! Alle deine Treuen erfreue mit Glück und Segen!“ (2. Chronik 6,41).

Salomo, der König Israels, bat um die Ankunft des Königs des ganzen Universums. Und wie reagierte Gott auf diese Bitte?

„Als Salomo sein Gebet beendet hatte, fiel Feuer vom Himmel und verzehrte das Brandopfer und die dem Herrn geweihten Stücke der Mahlopfer. Die Herrlichkeit des Herrn erfüllte den Tempel.“
2. Chronik 7,1

Gott höchstpersönlich kam in den Tempel. Die Menschen fielen mit dem Angesicht auf den Boden und bekannten: „Der Herr ist gut zu uns, seine Liebe hört niemals auf!“ (2. Chronik 7,3). Und die Menschen blieben beim Tempel nicht nur einen oder zwei Tage, sondern 15 Tage. Sie aßen. Sie priesen Gott. Sie beteten zu Gott und schließlich „verabschiedete Salomo das Volk. Glücklich und zufrieden über alles Gute, das Gott David, Salomo und seinem Volk Israel erwiesen hatte, gingen alle nach Hause“ (2. Chronik 7,10).

Salomo zog sich in seinen Palast zurück in Erwartung einer wohlverdienten Ruhezeit.

Doch Gott hatte andere Pläne.

>> Salomo hatte sein Werk am Tempel vollendet, aber Gott hatte sein Werk an Salomo noch nicht vollendet.

In der Abgeschiedenheit der königlichen Gemächer sprach Gott erneut zu ihm: „Ich habe dein Gebet erhört und diesen Tempel dazu bestimmt, dass ihr mir hier eure Opfer darbringt. Es könnte geschehen, dass ich einmal den Himmel verschließe und es keinen Regen gibt, dass ich den Heuschrecken befehle, das Land kahl zu fressen, oder dass ich die Pest über mein Volk kommen lasse“ (2. Chronik 7,12-13).

Den Himmel verschließen? Heuschrecken befehlen? Warum nur sprach Gott so mit ihm? Er hatte Salomos Gebet gehört. In seinem Weihegebet hatte Salomo Gott angefleht: „Wenn kein Regen auf das Land fällt, weil seine Bewohner dir nicht gehorcht haben, und sie erkennen deine strafende Hand, kehren um und beten zu dir, wenden sich diesem Haus zu und preisen deinen Namen, dann höre du es im Himmel“ (2. Chronik 6,26).

>> Und Gott erhörte diese Bitte. Ja, mehr als das. Er antwortete auf Salomos Bitte – und die Bitte von unzähligen Männern und Frauen aus allen Zeitaltern. <<

Der König wusste, wie schwach und anfällig der Glaube der Menschen ist. Und er wusste auch, dass Gottes Gerechtigkeit nicht für immer schweigen würde. Gott bringt seine Kinder zur Einsicht. *Und wenn Gottes Gerechtigkeit erwacht* – so betete Salomo – *und wenn du, Gott uns zur Einsicht bringst, ruf uns zu dir.*

Und Gott erhörte diese Bitte. Ja, mehr als das. Er antwortete auf Salomos Bitte – und die Bitte von unzähligen Männern und Frauen aus allen Zeitaltern – mit folgenden Worten:

„[Wenn] mein Volk, über das mein Name ausgerufen ist, sich demütigt und betet, mich sucht und von seinen schlechten Wegen umkehrt, dann höre ich es im Himmel. Ich verzeihe seine Sünde und bringe seinem Land Heilung."
2. Chronik 7,14; EÜ

Was bewegt Gott dazu, ein Land zu heilen?

Unter welchen Bedingungen schickt er erfrischenden Regen?

Was kann den Allmächtigen dazu veranlassen, einem Land Heilung zu bringen?

Die Antwort ist heute die gleiche wie zu Salomos Zeit: Gott möchte uns einfach zur Umkehr bewegen. Er fordert uns auf ...

... umzukehren von unserer Selbstbezogenheit zu einer Gott-Bezogenheit („über das mein Name ausgerufen ist").

... umzukehren von unserer Selbstgenügsamkeit zu einer Abhängigkeit von Gott („sich demütigt und betet").

... umzukehren von unserer Selbstbestimmung zu einem von Gott geleiteten Leben („mich sucht").

... umzukehren von unserer Selbstverliebtheit zu einem radikal veränderten Denken („und von seinen falschen Wegen umkehrt").

>> Wann wird Gott dem Land Heilung bringen? – Wenn die Menschen zu ihm zurückkehren.

Das Verb „umkehren" bedeutet, eine Entscheidung treffen, eine neue Richtung einschlagen. Man war in Richtung Süden unterwegs, jetzt geht man nach

Norden. Anstatt auf ein Gebäude zuzufahren, dreht man lieber um und fährt in die andere Richtung. Umkehren. Wir verstehen, was damit gemeint ist. Aber sind wir auch bereit, es zu tun?

Häufiger, als mir lieb ist, hat sich in unserem Auto schon folgendes Szenario abgespielt: Meine Frau Denalyn sagt: „Max, du hättest hier abbiegen müssen."

Meine Antwort: „Das glaube ich kaum."

„Aber ich hab's doch hier schwarz auf weiß auf der Karte", sagt sie.

Stille.

„Lass uns nach dem Weg fragen", schlägt sie vor.

„Machst du Witze? Hat Kolumbus nach dem Weg gefragt? Haben Lewis und Clark bei ihren Expeditionen nach dem Weg gefragt? Habe ich es etwa nötig, nach dem Weg zu fragen? Wohl kaum."

„Wenn du es nicht nötig hast, nach dem Weg zu fragen, du Navigationsexperte, dann verrat mir mal, warum wir (wählen Sie je nach Ihrer Route eine der folgenden Fortsetzungen):

» ... uns auf der Autobahn in Richtung Wien befinden statt auf der in Richtung Verona?"

» … hier im Regenwald sind, obwohl wir doch in der Wüste sein sollten?“

» … hier von Bergen umgeben sind, obwohl wir eigentlich das Meer sehen sollten?“

Was kann man auf so eine Frage schon antworten?

Wenn die Umgebung keinen Zweifel daran lässt, dass Sie die falsche Abfahrt genommen haben, ist es an der Zeit, dass Sie die richtige finden.

Wenn wir merken, dass die Landschaft immer rauer, immer trostloser und bedrohlicher wird, ist es dann nicht an der Zeit umzukehren? Selbstverständlich. Aber in welche Richtung fahren wir weiter? Welchen Weg schlagen wir ein?

Gott knüpfte das Versprechen, das er Salomo (und uns) gab, an die Bedingung, vier Kehrtwenden zu machen.

1. Zurück zur Ehre Gottes.
2. Zurück zu Gott im Gebet.
3. Zurück zu Gottes Wort.
4. Zurück zu Gott in Buße.

Gott bietet uns an, unserem Land Heilung zu bringen. Er sagt uns, was wir zu tun haben. Seinen Teil hat er bereits erfüllt. Jetzt liegt es an uns.

Jetzt sind wir dran umzukehren.
„Wenn Gott sagt: ‚Hört auf mein Wort', müssen wir bedenken, dass er schon zahllose Menschen über diesen Planeten hat gehen sehen.
Er weiß um den Schmerz und die Schwierigkeiten, die aus jeder einzelnen Übertretung seiner Gebote entstanden sind.
Wie könnte ein liebender Gott es übers Herz bringen, uns nicht zu warnen?
Wie könnte er uns ohne seine Schutzzäune einfach frei in der Landschaft herumlaufen lassen?
Wird er uns nicht dazu drängen, innerhalb seiner Zäune geschützt zu leben?"

Ron Mehl, Right with God, S. 58

1.

Zurück zur Ehre Gottes

„[Wenn] mein Volk,
über das mein Name ausgerufen ist,
sich demütigt und betet, mich sucht und von
seinen schlechten Wegen umkehrt,
dann höre ich es im Himmel. Ich verzeihe seine
Sünde und bringe seinem Land Heilung.“

2. Chronik 7,14; EÜ

Eine Spinne ließ sich an einem einzelnen Faden vom Dachsparren einer alten Scheune hinunter und fing an, ihr Netz zu spinnen. Tage, Wochen, ja, Monate gingen ins Land und das Netz wurde größer und größer. In diesem immer komplexeren Fadengewirr verfingen sich Fliegen, Mücken und andere kleine Insekten, sodass die Spinne jeden Tag ein reichhaltiges Büffet genießen konnte.

Die Spinne spann ihr Netz immer weiter, sodass es immer größer wurde, bis alle anderen Spinnen sie um dieses Netz beneideten.

Eines Tages war diese fleißige Spinne auf ihrem Netz unterwegs, als sie einen einzelnen Faden entdeckte, der hoch hinauf bis zu einem Dachsparren reichte.

Ich frag mich, was dieser Faden hier soll, dachte die Spinne. Er hilft mir nicht dabei, mein Abendessen zu fangen. Er trägt nicht dazu bei, meine Speisekammer mit Insekten zu füllen.

Daraus schloss die Spinne, dass der Faden unnötig sei, und kletterte so hoch, wie sie nur konnte – und trennte ihn durch. In diesem Augenblick stürzte das ganze Netz in sich zusammen, fiel auf den Boden der Scheune und begrub die Spinne unter sich.[1]

Könnte ein Volk den gleichen Fehler begehen wie diese törichte Spinne?

Könnte ein Land ein großartiges Netz spinnen und es dann einfach durchtrennen?

Könnte ein Volk so erfolgreich werden, so selbstgefällig und selbstgenügsam, dass es den starken Faden vergisst, der es trägt und hält?

Könnte ein Land sich selbst und seine Freiheit, seine Stärke und seinen Wohlstand betrachten und statt dafür dankbar zu sein überheblich werden?

Ein lautstarker Teil der breiten Öffentlichkeit starrt den Faden des Glaubens, an dem dieses Land hängt, an und fragt: „Was soll dieser Faden hier überhaupt?"

>> Ein lautstarker Teil der breiten Öffentlichkeit starrt den Faden des Glaubens, an dem dieses Land hängt, an und fragt: „Was soll dieser Faden hier überhaupt?" <<

Spiegelt das Verhalten der Gesellschaft unsere Anerkennung gegenüber Gott wider?

Ist unsere Art zu leben ein Symptom für einen volksweiten Gedächtnisschwund?

Wir, die wir im einundzwanzigsten Jahrhundert leben, sind nicht die Ersten, die an nationaler Amnesie leiden. Das Volk Israel neigte ebenso dazu zu vergessen. Aus diesem Grund warnte Mose seine Landsleute eindringlich:

„Vergesst nicht den Herrn, euren Gott! Missachtet nicht seine Weisungen, Gebote und Rechtsbestimmungen, die ich euch heute verkünde! Werdet nicht übermütig, wenn es euch gut geht, wenn ihr reichlich zu essen habt und in schönen Häusern wohnt, wenn eure Viehherden wachsen, euer Gold und Silber und all euer Besitz sich vermehrt. Vergesst dann nicht den Herrn, euren Gott! Er hat euch aus Ägypten, wo ihr Sklaven gewesen seid, herausgeführt ... Aber ich warne euch: Wenn ihr den Herrn, euren Gott, vergesst und hinter anderen Göttern herlauft, wenn ihr sie anbetet und ihnen dient, werdet ihr unweigerlich zugrunde gehen.“
5. Mose 8,11-14.19

Ein volksweiter Gedächtnisschwund zerstört die ganze Nation. Vergisst ein Volk Gott, bezahlt es einen hohen Preis. Doch woran sollen wir uns erinnern? An welchem Faden sollen wir unbedingt festhalten? Es gibt zwei ganz entscheidende Dinge, von denen Gott will, dass wir sie nicht vergessen:

Erstens: Ihr existiert durch meine Kraft

Gott bestimmt jedes Detail in jedem Land der Erde. Er legt alle Grenzen fest. Er setzt jeden Meilenstein in der Geschichte.

Auch wenn wir große Männer und Frauen für ihre Errungenschaften feiern, so haben diese Menschen doch nichts ohne Gottes Kraft vollbracht.

„Er hat aus einem einzigen Menschen die ganze Menschheit hervorgehen lassen, damit sie die Erde bewohnt. Für jedes Volk hat er im Voraus bestimmt, wie lange es bestehen und in welchen Grenzen es leben soll."
Apostelgeschichte 17,26

„Als der Höchste den Völkern ihren Erbbesitz zuwies, als er die Menschen voneinander trennte, setzte er die Grenzen zwischen den Völkern fest."
5. Mose 32,8; NLB

>> Gott teilt seine Kinder in Volksgruppen und die Erde in Regionen auf und legt die Grenzen der einzelnen Nationen fest. Nicht irgendwelche Politiker entscheiden über die Geografie eines Landes – Gott tut es. Es sind nicht die Regierenden, die über die Zukunft der Länder bestimmen, vielmehr lenkt Gott die Gedanken der Regierenden.

In der Bibel lesen wir: „Des Königs Herz ist in der Hand des Herrn wie Wasserbäche; er lenkt es, wohin er will" (Sprüche 21,1; LÜ).

Der König mag denken, dass er das Sagen hat, aber er hat es nicht. Gott herrscht über die ganze Welt. Gott lenkt den unbeugsamen Willen des mächtigsten Herrschers auf der Erde so leicht, wie ein Bauer einen flachen Wasserlauf auf seinem Feld umleitet.

Denken Sie nur an den Bericht über Kyrus, den König von Persien. Als Gott wollte, dass die Juden nach Jerusalem zurückkehrten, sprach er einfach zum Herzen dieses Mannes: „Gott bewegte Kyrus dazu, in seinem ganzen Reich [einen] Erlass zu verkünden" (Esra 1,1; Hfa).

Als Daniel die Hilfe eines hohen babylonischen Beamten brauchte, „[sorgte Gott dafür], dass Aschpenas Daniel wohlgesinnt war und Verständnis für ihn zeigte" (Daniel 1,9; Hfa).

Als die Israeliten der ägyptischen Sklaverei entflohen, waren sie nicht mehr als von der Armut gebeutelte Sklaven. Aber Gott befreite sie nicht nur – nein, er bewegte die Ägypter sogar dazu, die Israeliten mit Vorräten auszustatten. Gott hatte Mose gesagt: „Ich werde sogar dafür sorgen, dass die Ägypter euch wohlgesinnt sein werden und ihr nicht mit leeren Händen wegziehen müsst. Alle Frauen aus Israel sollen sich vor dem Aufbruch von ihren ägyptischen Nachbarinnen Silber- und Goldschmuck erbitten und festliche Kleider. Das können dann eure Söhne und Töchter tragen. Auf diese Weise sollt ihr die Ägypter berauben" (2. Mose 3,21-22; NLB).

Können Sie sich das vorstellen? Gott bewegte diese Sklavenhalternation dazu, etwas zu tun, das normalem menschlichen Verhalten völlig widerspricht.

„Der Herr hatte dafür gesorgt, dass die Ägypter ihnen wohlgesinnt waren und ihnen alles gaben, was sie verlangten. Auf diese Weise beraubten sie die Ägypter.“
2. Mose 12,36; NLB

Gott kann das Herz von Nationen lenken. Deshalb betete David – selbst Leiter einer Nation – zu Gott: „Herr, du Gott unserer Vorfahren! Du bist der Gott im Himmel, du bist der Herrscher über alle Reiche der Welt. Bei dir ist alle Kraft und Macht, sodass niemand es mit dir aufnehmen kann“ (2. Chronik 20,6).

Kein Wunder also, dass Paulus die Christen in Rom mahnte: „Jeder leiste den Trägern der staatlichen Gewalt den schuldigen Gehorsam. Denn es gibt keine staatliche Gewalt, die nicht von Gott stammt; jede ist von Gott eingesetzt“ (Römer 13,1; EÜ).

Solche Worte stellen unser Vertrauen auf die Probe. Wir denken an Nero, Stalin, Hitler und Saddam Hussein. Vielleicht fragen wir uns, warum Gott Despoten und Diktatoren an die Macht kommen lässt.

Aber einer Sache können wir uns ganz sicher sein: Niemand regiert ohne Gottes Erlaubnis.

Er bestimmt die Führer von Nationen. Und – was genauso wichtig ist – Gott verteilt seinen Segen nach seinem Ermessen auf die Nationen.

>> „Jede gute Gabe und jedes vollkommene Geschenk kommt von oben."
(Jakobus 1,17; EÜ)

Jedes Vorrecht und jede gute Gabe, die einer Nation zuteil werden, können auf Gott und sein Wirken zurückgeführt werden.

Wenn wir in Freiheit leben, können wir dem Einen danken, der von sich selbst sagte, dass er gekommen ist, „Gefangenen Freiheit auszurufen ... Zerschlagene in Freiheit hinzusenden" (Lukas 4,18; EF).

Wenn in unserem Land eine gute wirtschaftliche Lage und Recht und Ordnung herrschen, sollten wir unseren Dank nicht auf Politiker und Richter beschränken; wir sollten Gott dafür danken.

>> „Gott lässt Nationen wachsen und vergehen, er macht sie stark – und tilgt sie wieder aus“ (Hiob 12,23; NLB).

Noch einmal zusammengefasst: Gott legt die Grenzen fest. Er setzt die Leiter von Völkern ein. Er teilt seinen Segen zu. Die Nationen existieren durch den Willen und die Kraft des allmächtigen Gottes. Können wir es uns leisten, das zu vergessen? Können wir es uns leisten, diesen silbernen Faden außer Acht zu lassen, diesen Faden, der das ganze System eines jeden Landes dieser Welt trägt?

>> Können wir es uns leisten, diesen silbernen Faden außer Acht zu lassen, diesen Faden, der das ganze System eines jeden Landes dieser Welt trägt? <<

Nur dann, wenn wir alles aufs Spiel setzen wollen.

„Wenn ihr den Herrn, euren Gott, vergesst und hinter anderen Göttern herlauft, wenn ihr sie anbetet und ihnen dient, werdet ihr unweigerlich zugrunde gehen.“

5. Mose 8,19; NLB

„Ihr existiert durch meine Kraft", sagt Gott. Das ist das Erste, woran er uns erinnert. Doch Gott macht hier nicht Schluss. Er lenkt unsere Aufmerksamkeit noch auf einen weiteren Punkt.

Zweitens: Ihr existiert zu meiner Ehre

Gott ist sein Name enorm wichtig. Sein Hauptinteresse gilt seinem eigenen Ruf. „Wenn [...] mein Volk, über dem *mein Name ausgerufen* ist ..." (2. Chronik 7,14; EÜ; Hervorhebung durch den Autor). Gott wacht mit besonderer Aufmerksamkeit über seinem guten Namen. Niemand darf seine Ehre beschmutzen oder seinen Namen diffamieren. „Meine Macht und Hoheit zeige ich vor meinem ganzen Volk", verkündet Gott (3. Mose 10,3). David erinnert uns daran, dass „die Himmel [...] die Herrlichkeit Gottes [rühmen]" (Psalm 19,2; EÜ). Gott selbst sagt: „Denn jeden, der nach meinem Namen benannt ist, habe ich zu meiner Ehre erschaffen" (Jesaja 43,7; EÜ).

>> Gottes Hauptaugenmerk gilt nicht unserem Namen, sondern seinem. Nicht unserer Ehre, sondern seiner. Nicht unserer Bequemlichkeit, sondern seinem Vorhaben. Gottes größtes Engagement gilt seinem guten Ruf, nicht unserem. Alles – auch jede Nation – existiert, um seinen Plan zu verwirklichen.

Erinnern Sie sich an das, was Gott durch den Propheten Hesekiel gesagt hat: „Ich werde meine Herrlichkeit unter den Nationen erweisen" (Hesekiel 39,21; RE).

Gott ist weder auf unser Land noch auf irgendein anderes angewiesen, um seine Pläne in die Tat umzusetzen. Er setzt sich für keine Nation besonders ein noch ist er auf irgendeine Regierung angewiesen. Er hat keinen Pass und erweist keiner Flagge seinen Salut. „Für den Herrn sind die Völker wie ein Tropfen am Eimer oder ein Stäubchen auf der Waagschale; der ganze Erdkreis wiegt für ihn nicht mehr als ein Sandkorn. Die gesamte Weltbevölkerung ist in seinen Augen nichts" (Jesaja 40,15.17; NLB).

>> Wir denken vielleicht, dass Gott dazu da sei, unser Land zu segnen, aber nach den Worten der Bibel existiert unser Land und jedes andere, um Gott Ehre zu bringen.

Nehmen wir einmal an, folgende Worte würden zum Gebet und zur Maxime unseres Landes: „Nicht uns, Herr, nicht uns – nein, deinen Namen bringe zu Ehren“ (Psalm 115,1). Stellen Sie sich vor, die von Menschen eingesetzten Entscheidungsträger würden sich täglich fragen: *Wie können wir Gott mit unseren Entscheidungen ehren? Was kann unsere Schule tun, um ihre Schüler mit Gott bekannt zu machen? Wie können unsere Soldaten den Namen Gottes ehren?*

Was würde geschehen, wenn unser Land beschließen würde, Gott die Ehre zu geben?

„Das ist ein Hirngespinst, Max“, sagen Sie vielleicht. „Wir haben Gesetzgeber, die mit der Bibel nichts zu tun haben wollen und nur den Schein einer Moral haben. Eine Nation, die für die Ehre Gottes lebt? Die können wir nicht erschaffen.“

Nein, aber Gott kann es!

Erinnern Sie sich noch? Wer lenkt die Herzen der Mächtigen? Wer gibt Königen ein, was sie entscheiden sollen? Gott tut es. Er braucht nur einmal seine Augenbrauen zu heben und schon öffnen sich die Schatztruhen Ägyptens, verändert sich die Politik der Babylonier, fällt die Mauer des Kommunismus. Gott kann eine ganze Nation verändern.

Deshalb müssen wir von ganzem Herzen dafür beten, dass unser Volk zu Gott umkehrt.

>> „Gott, unser Retter, hilf uns; deine eigene Ehre steht auf dem Spiel! Befrei uns, vergib uns unsere Schuld; mach deinem Namen Ehre“ (Psalm 79,9).

Wagen wir es, die Worte aus 1. Korinther 10,31 auf unsere Regierung anzuwenden? *„Tut alles zur Ehre Gottes.“* Stellt Haushaltspläne auf zur Ehre Gottes. Plant und sorgt für die Sicherheit unserer Nation zur Ehre Gottes. Wählt Politiker zur Ehre Gottes, nicht um einer politischen Partei willen. Nicht zur Ehre meiner Kampagne oder deiner Sache, seiner Rasse oder ihres Geschlechts, sondern zur Ehre Gottes.

Wenn wir ein so auf Gott ausgerichtetes Gebet beten, wird Gott antworten.

„[Wenn] mein Volk, über das mein Name ausgerufen ist, sich demütigt und betet, mich sucht und von seinen schlechten Wegen umkehrt, dann höre ich es im Himmel. Ich verzeihe seine Sünde und bringe seinem Land Heilung.“
2. Chronik 7,14; EÜ

Im Jahre 1888 (so sagt es zumindest die Legende) nahm ein bekannter Schachmeister namens Paul Morphy an einem festlichen Essen in Richmond, Virginia, teil. Während des Essens wurde seine Aufmerksamkeit auf ein Gemälde an der Wand im Haus des Gastgebers gelenkt. Das Bild zeigte einen jungen Mann, der seine volle Konzentration auf ein Schachspiel richtete, das er gegen den Teufel persönlich spielte. Der Künstler hatte das Gemälde so gemalt, dass der nächste Schachzug dem Teufel den Sieg – und damit das Anrecht auf die Seele des jungen Mannes – bringen würde. Deshalb war dem Teufel sein Triumph auch schon ins Gesicht geschrieben,

>> Wenn wir ein so auf Gott ausgerichtetes Gebet beten, wird Gott antworten. <<

während der junge Gegner mit seinem Latein am Ende zu sein schien.

Nach dem Dinner ging der berühmte Schachmeister auf das Gemälde zu und betrachtete eingehend das Schachbrett und die Figuren, wie sie vom Künstler arrangiert worden waren. Nach einigen Minuten drehte sich Morphy zu seinem Gastgeber um und verkündete: „Ich glaube, dass ich das Spiel für den jungen Mann übernehmen und gewinnen kann!"

„Das ist ganz unmöglich!", erwiderte der Gastgeber. „Nicht einmal Sie, Mr Morphy, können dieses Spiel noch retten."

„Doch, ich glaube, ich kann es schaffen", antwortete der Schachmeister. „Lassen Sie uns die Figuren aufstellen und es probieren."

Während sich die Festgesellschaft in einem Kreis um den Tisch versammelte, platzierte der Gastgeber die Schachfiguren genau so auf dem Brett wie die auf dem Bild. Nachdem Morphy die Spielsituation noch einmal genauestens analysiert hatte, wandte er sich dem jungen Mann in dem Gemälde zu und lächelte ihn an, als wollte er sagen: „Ich habe eine gute Nachricht für dich. Er hat noch nicht gewonnen. Nachdem der Teufel seinen nächsten Zug gemacht hat, wirst du den letzten und entscheidenden Schachzug machen.“

Zu jedermanns Erstaunen übertraf Morphy den arroganten Herausforderer in dem Gemälde. Der Sieg wurde dem Teufel aus der Hand gerissen und der junge Mann war gerettet.

Manchmal fühlen wir uns wie dieser junge Mann auf dem Bild.

Wir haben oft das Gefühl, Satan würde jeden Augenblick den Sieg für sich beanspruchen. Wir spüren so etwas wie brennende Verzweiflung, wenn wir sehen, wie unser Volk eine falsche Entscheidung nach der anderen trifft und in die falsche Richtung wandert.

>> Doch in den dunkelsten Augenblicken flüstert uns Gott zu: „Ich habe eine gute Nachricht für dich. Er hat noch nicht gewonnen.“ <<

Doch in den dunkelsten Augenblicken flüstert uns Gott zu: „Ich habe eine gute Nachricht für dich. Er hat noch nicht gewonnen.“

Gott wird den letzten und entscheidenden Schachzug machen.

Und wir können ihn dazu bewegen, ihn auszuführen.

Wir können beten.

Wir müssen uns vor Augen führen, dass wir uns auf einem teuflischen kosmischen Schlachtfeld befinden. In unserem Leben geht es nicht um uns selbst. Dieses Leben dreht sich nicht um unsere Wünsche und Träume, unsere persönliche Erfüllung oder unser Glück. Unser Leben ist Teil von etwas viel Größerem – dem Sieg über die Dunkelheit – sowohl in uns als auch um uns herum.
In Ihrem Leben geht es um nichts weniger als um die Ehre Gottes.

Stu Weber, Spirit Warriors, S. 32–33

2.

Zurück zu Gott im Gebet

„[Wenn] mein Volk,
über das mein Name ausgerufen ist,
sich demütigt und betet, mich sucht und von
seinen schlechten Wegen umkehrt,
dann höre ich es im Himmel. Ich verzeihe seine
Sünde und bringe seinem Land Heilung.“

2. Chronik 7,14; EÜ

Im Gebet liegen zwei Überraschungen:

Zum einen: *Gott hört zu, wenn wir mit ihm reden.* Jesus selbst versichert uns das. „Bittet und ihr werdet bekommen", sagt er zu uns. „Wenn ihr nur Vertrauen habt, werdet ihr alles bekommen, worum ihr Gott bittet" (Matthäus 7,7; 21,22).

>> Sie mögen es nicht schaffen, die Aufmerksamkeit Ihres Vorgesetzten auf sich zu lenken oder das Interesse Ihres Partners aufrechtzuerhalten, aber wenn Sie beten, hält Gott inne.

Die zweite Überraschung? *Wir beten zu selten.* Wir haben das größte aller nur vorstellbaren Privilegien: Wir haben Zugang zur Schaltstelle des ganzen Universums. Doch wir nutzen das nur sehr selten.

>> Unser Mangel an Gebet überrascht sogar Gott.

Durch den Propheten Hesekiel klagte Gott: „Ich suchte überall nach einem, der in die Bresche springen und die Mauer um mein Volk vor dem Einsturz bewahren würde, damit ich es nicht vernichten müsste; aber ich fand keinen" (Hesekiel 22,30).

Als Abraham davon erfuhr, dass Sodom und Gomorra zerstört werden sollten, lief er nicht eilends los, um die Bewohner der Städte zu warnen. Er entschied sich, etwas anderes zu tun: „Abraham blieb stehen vor dem Herrn" (1. Mose 18,22; Elb).

Als Gott Moses mitteilte, dass das goldene Kalb die Todesstrafe des ganzen Volkes zur Folge hätte, wurde Mose zum Fürsprecher des Volkes. In 2. Mose 32,11 lesen wir: „Mose aber suchte den Herrn, seinen Gott, umzustimmen" (siehe auch 2. Mose 32,14 und Psalm 106,23).

Ein relativ unbekannter Priester mit Namen Pinhas bat Gott, keine Seuche ausbrechen zu lassen, und Gott hielt die Plage auf (Psalm 106,30).

Nehemia erfuhr, dass die Stadt Jerusalem in Trümmern lag.

Doch bevor er ein neues Fundament aus Stein baute, legte er ein Fundament aus Gebet (Nehemia 1,4).

> >> Doch bevor er ein neues Fundament aus Stein baute, legte er ein Fundament aus Gebet. <<

Die Briefe des Apostel Paulus enthalten keine Bitten um Geld, Güter oder andere Annehmlichkeiten – aber wir finden darin immer wieder die dringende Aufforderung zu beten.

Doch das bemerkenswerteste Beispiel ist das von Jesus selbst. In Matthäus 14,22–23 lesen wir:

„Gleich darauf drängte Jesus die Jünger, ins Boot zu steigen und ans andere Seeufer vorauszufahren. Er selbst wollte erst noch die Menschenmenge verabschieden. Als er damit fertig war, stieg er allein auf einen Berg, um zu beten. Als es dunkel wurde, war er immer noch dort."

Wenn Jesus je den Wunsch gehabt hätte, König zu sein, dann wäre dies der richtige Augenblick, ja, *die* Chance gewesen. Stolze Apostel rühmten sich der Erfolge ihres ersten Missionseinsatzes: Sie hatten Dämonen ausgetrieben, Kranke geheilt und eine ganze Armee an neuen Nachfolgern rekrutiert (Markus 6,12-13.31). Bürger und Soldaten folgten ihnen zu Jesus (Markus 6,30-31). Die Menge war riesig: 5.000 Männer, dazu Frauen und Kinder (Matthäus 14,21). *Erhebe dein Szepter, Jesus, und befehlige deine Armee* (Johannes 6,15).

Aber er tat es nicht.

Anstatt selbst zu handeln, bat er Gott zu handeln.

Anstatt den Thron der Macht zu besteigen, stieg er auf den Berg des Gebets.

>> Anstatt selbst zu handeln, bat er Gott zu handeln. <<

>> „[Er stieg] allein auf einen Berg, um zu beten.“ (Matthäus 14,23)

Warum ist das Gebet so wichtig?

Ganz einfach. Wenn wir handeln, handeln *wir.* Aber wenn wir beten, handelt *Gott.* Die Bibel misst dem Gebet eine atemberaubende Kraft und Bedeutung bei.

„Wenn zwei von euch auf der Erde gemeinsam um irgendetwas bitten, wird es ihnen von meinem Vater im Himmel gegeben werden.“
Matthäus 18,19

„Wir dürfen uns darauf verlassen, dass Gott unser Beten erhört, wenn wir ihn um etwas bitten, was seinem Willen entspricht."
1. Johannes 5,14; Hfa

>> Wird uns in Bezug auf irgendeine andere Tätigkeit so ein großes Versprechen gegeben? Hat Jesus uns dazu aufgefordert, ohne Unterlass zu predigen? Oder ohne Unterlass zu lehren? Oder ohne Unterlass Ausschusssitzungen zu haben? Oder ohne Unterlass zu singen? Nein, sondern er fordert uns auf: „Betet ohne Unterlass!" (1. Thessalonicher 5,17; EÜ)

Hat Jesus gesagt: „Mein Haus soll ein Haus eifrigen Lernens sein"? Ein Haus guter Gemeinschaft? Ein Haus der Musik? Ein Haus der Auslegung der Bibel? Ein Haus voller guter Taten? Ein Haus politischer Aktivisten? Nein, das hat er nicht gesagt, sondern: „Mein Haus soll ein Haus des Gebetes sein" (Matthäus 21,13; EÜ).

Gott lässt sich nicht bewegen von Menschen, die sich mit stolz geschwellter Brust vor ihn hinstellen, sondern von solchen, die vor ihm niederknien.

Er lässt sich durch ein demütiges und bittendes Herz bewegen. „Wenn ihr zum Herrn um Hilfe ruft, wird er euch sein Erbarmen zuwenden; sobald er euer Schreien vernimmt, gibt er euch Antwort" (Jesaja 30,19).

Der Evangelist Markus gibt uns ein anschau liches Bild für die Wahrheit dieser Aussage:

„Und nach einigen Tagen ging er wieder nach Kapernaum; und es wurde bekannt, dass er im Hause war. Und es versammelten sich viele, sodass sie nicht Raum hatten, auch nicht draußen vor der Tür; und er sagte ihnen das Wort. Und es kamen einige zu ihm, die brachten einen Gelähmten, von vieren getragen. Und da sie ihn nicht zu ihm bringen konnten wegen der Menge, deckten sie das Dach auf, wo er war, machten ein Loch und ließen das Bett herunter, auf dem der Gelähmte lag. Als nun Jesus ihren Glauben sah, sprach er zu dem Gelähmten: ‚Mein Sohn, deine Sünden sind dir vergeben.'"
Markus 2,1-5; NLB

Das Wort Gebet kommt nicht ein einziges Mal in diesem Abschnitt vor. Aber schauen Sie einmal genau hin, dann werden Sie es entdecken.

Vier Männer lassen einen Freund durch ein Dach zu den Füßen Jesu hinunter. Jesus unterbricht seine Predigt, schaut den Mann an und verkündet dann (bestimmt mit einem Leuchten in seinen Augen): „Mein Sohn, deine Sünden sind dir vergeben!“

>> Gott lässt sich nicht bewegen von Menschen, die sich mit stolz geschwellter Brust vor ihn hinstellen, sondern von solchen, die vor ihm niederknien. <<

Was bewegte Jesus dazu? Was veranlasste ihn, diesem Mann so eine Gnade zu erweisen?

Markus möchte, dass wir die Antwort auf diese Frage kennen: „Als [...] Jesus *ihren* Glauben sah, sagte er zu dem Gelähmten ...“ (Vers 5; Hervorhebung durch den Autor).

Der Glaube der Freunde veranlasste Jesus, dem Gelähmten gegenüber so gütig zu sein.

Der Gelähmte in diesem Bericht steht letztendlich für all diejenigen, die leiden.

Der Gelähmte hat keine Möglichkeit, sich selbst zu bewegen, keine Behandlung, keine Antworten, keine Hoffnung. Er hat so wenig.

Aber: Das, was er hat, ist entscheidend: Er hat Freunde, die Jesus vertrauen. Freunde, die sich um ihn kümmern. Freunde, die helfen. Freunde, die sich Gedanken machen, wie sie denjenigen, der in Not ist, zu Jesus bringen können.

>> Der Gelähmte hat so wenig. Aber: Das, was er hat, ist entscheidend: Er hat Freunde, die Jesus vertrauen. <<

Das überfüllte Haus und der versperrte Eingang ließen sie nur noch entschlossener handeln. „Wir kommen nicht durch die Tür rein? Na und? Dann nehmen wir eben einen anderen Weg." Sie steigen aufs Dach. Sie huschen von einer Seite zur anderen. Zuhörer schauen nach oben. Jesus blickt hinauf. Erdklümpchen fallen von der Decke. Dachteile folgen und das auf dem Kopf stehende Gesicht eines Mannes erscheint. „Dort ist er", flüstert er. Sie entfernen noch mehr Dachplatten und fangen an, den Freund hinunterzulassen.

Vielleicht musste der Gelähmte schlucken. („Lasst mich nur nicht fallen!")

Vielleicht stöhnte der Hausbesitzer. (Das Dach eines anderen einfach so abzudecken ist nicht unbedingt nett.)

Und Jesus? Glauben Sie nicht auch, dass er schmunzelte? Der Glaube dieser Männer weckt

>> Freunde, die Jesus vertrauen, tragen solche, die zu kämpfen haben, in Gottes Gegenwart. <<

seine Kraft. Er heilt den Mann. Der Gelähmte verlässt das Haus mit einem reinen Herzen und einem starken Körper; und das nur aus einem Grund: weil seine Freunde ihn zu Jesus brachten.

So etwas tun Freunde, die Jesus vertrauen.

Freunde, die Jesus vertrauen, tragen solche, die zu kämpfen haben, in Gottes Gegenwart. Wenn sie das tun, wird Gott reagieren.

Wie? Wann? Die vier Männer wussten es nicht. Wir wissen es nicht. Aber eins wissen wir:

„Des Gerechten Gebet vermag viel, wenn es ernstlich ist."
Jakobus 5,16; LÜ

Handeln Sie so wie diese Freunde!

Wenden Sie sich im Gebet von ganzem Herzen an Gott. Tragen Sie Ihre Freunde und Verwandten in die Gegenwart Gottes.

Legen Sie Ihr ganzes Land zu seinen Füßen. Und nehmen Sie Gott beim Wort.

>> Wenn Gottes Kinder ihr Land ganz bewusst unablässig im Gebet Gott anbefehlen würden, was würde dann wohl geschehen?

Wir finden die Antwort in 2. Chronik 7,14: „[Wenn] mein Volk [...] sich demütigt und betet [...], dann höre ich es im Himmel. Ich verzeihe seine Sünde und bringe seinem Land Heilung“ (EÜ).

Die Bibel sagt eindeutig, dass Gott das ganze Universum so programmiert hat, dass er im Wesentlichen durch Gebet handelt. Gott hat die Schöpfung so angelegt, dass er sein Werk durch die Gebete seiner Kinder tut. In dem Augenblick, in dem wir beten, haben wir Zugang zu der stärksten Kraft des ganzen Universums.

David Jeremiah, The Prayer matrix, S. 4

3.

Zurück zu Gottes Wort

„[Wenn] mein Volk,
über das mein Name ausgerufen ist,
sich demütigt und betet, **mich sucht** und von
seinen schlechten Wegen umkehrt,
dann höre ich es im Himmel. Ich verzeihe seine
Sünde und bringe seinem Land Heilung."

2. Chronik 7,14; EÜ

Die Schiffsbesatzung der *HMS Bounty* hatte alles an sich genommen, was sie nehmen konnte. Aufgestachelt durch die Grausamkeit von Kapitän Bligh, rissen sie die Führung des Schiffes an sich. Dem Kapitän und seinen Ergebenen gaben sie ein Boot, einen Schubs und sahen zu, wie sie auf das Meer hinaustrieben.

Im Frühjahr 1789 landeten die Aufrührer auf *Pitcairn Island,* einer winzigen Insel im Südpazifik. Die Meuterer verbrannten das Schiff, nahmen sich tahitische Frauen und stellten tahitische Arbeiter an. Die Insel hätte ein tropisches Paradies sein können.

Aber die Männer machten die Hölle auf Erden daraus.

Die Seeleute lebten ohne jeglichen Standard, ohne Moral, ohne Gesetze. Sie machten das Leben zu einer Jauchegrube aus Ehebruch, Gewalt und Trunkenheit. Innerhalb eines Jahrzehnts geschah, was geschehen musste. Die Eingeborenen griffen die Siedler an. Nur ein einziger der Meuterer überlebte: Alexander Smith.

Zurückgelassen auf einer fünf Quadratkilometer kleinen Insel, umgeben von Eingeborenen und Mischlingskindern, tat er etwas Erstaunliches. Er fing an, in der Bibel zu lesen.

In einer Bibel, die durch die Schiffsbesatzung von der *Bounty* geborgen worden war. (Heute ist diese Bibel im *New York City Museum* ausgestellt.) „Als ich mich mit der Lebensgeschichte Jesu beschäftigte“, erläuterte Smith später seinen Vorgesetzten, „öffnete sich mein Herz, als würden Tore weit aufgetan. Als ich einmal davon überzeugt war, dass Gott ein liebender und barmherziger Vater ist für die, die zu ihm umkehren, schien es mir, als könnte ich seine Gegenwart geradezu fühlen, und ich wurde mir seiner Führung mit jedem Tag gewisser.“[2]

>> Zurückgelassen auf einer fünf Quadratkilometer kleinen Insel, umgeben von Eingeborenen und Mischlingskindern, tat er etwas Erstaunliches. Er fing an, in der Bibel zu lesen. <<

Die Bibel verwandelte nicht nur das Leben von Smith, sondern die ganze Insel. Als die britische Marine im Jahre 1808 Pitcairn Island entdeckte, war sie über die Ordnung und den Anstand erstaunt. Smith wurde verschont, und der Name der Insel wurde im 19. Jahrhundert gleichbedeutend mit dem Begriff Frömmigkeit.

Von Immoralität zur Frömmigkeit. Was hatte den Wandel bewirkt? Die Bibel.

Die Geschichte gibt ein übereinstimmendes Zeugnis. Der Psychologe William James bestätigt: „Die Bibel enthält mehr wahre Erhabenheit, mehr erlesene Schönheit, mehr Sittlichkeit, mehr gewichtige Geschichte und schönere Poesie und Sprachgewalt als alles, was man in anderen Büchern finden könnte, egal, zu welcher Zeit oder in welcher Sprache sie geschrieben sein mögen."

Sir William Gladstone, Premierminister in England, stellte fest: „Ich habe in meinem Leben 95 großartige Männer von Welt kennengelernt, und 87 von ihnen waren Personen, die ihr Leben an der Bibel ausrichteten."

John Quincy Adams, der sechste Präsident der Vereinigten Staaten von Amerika, erklärte: „Die Bibel ist von allen Büchern dasjenige, das man zu jeder Zeit und in allen Lebenssituationen lesen sollte."

Niemand erinnert sich an Immanuel Kant wegen seiner Rechtgläubigkeit, doch auch er bekannte: „Die Existenz der Bibel als Literatur für die Menschen ist der größte Gewinn, den die Menschheit jemals erfahren hat."

>> Millionen von Aussagen erklären einstimmig: Die Bibel ist das wunderbarste Buch, das jemals geschrieben wurde.

Welche Bedeutung hat die Bibel für meine Beziehung zu Gott? Sie hat etwas vom letzten Brief meines eigenen Vaters – er erlaubt mir einen flüchtigen Blick in sein Angesicht. Ich kann seinen Brief von dem Platz, an dem ich schreibe, sehen. Ich bewahre ihn eingerahmt in meinem Büro auf. Als bei meinem Vater eine Systemerkrankung des Rückenmarks diagnostiziert wurde, die ihn schließlich das Leben kosten würde, bot ich an, meine Arbeit aufzugeben und zu meinen Eltern zu ziehen. Er schrieb mir einen Brief und riet mir davon ab. „Ich habe keine Angst vor dem Tod oder vor der Ewigkeit", schrieb er. „Mach mit deiner Arbeit für Gott weiter."

Ich habe diesen Brief sichtbar eingerahmt, weil er das Herz meines Vaters widerspiegelt. Möchten Sie wissen, was für einen Vater ich hatte? Lesen Sie seine Worte.

>> Möchten Sie wissen, was für einen Vater wir haben? Lesen Sie sein Wort. Gott lädt uns ein, ihn kennenzulernen. Er verbirgt nicht sein Angesicht. Ganz im Gegenteil: Er zeigt sich uns.

„Wenn du ihn suchst, lässt er sich von dir finden."
1. Chronik 28,9

Er wartet darauf, dass wir ihn entdecken.

„Suchet den Herrn, solange er zu finden ist", lädt uns der Prophet Jesaja ein, *„ruft ihn an, solange er nahe ist."*
Jesaja 55,6; LÜ

„Der Herr ist gut zu denen, die nach ihm fragen, zu allen, die seine Nähe suchen."
Klagelieder 3,25

„Wohl denen, die [...] ihn von ganzem Herzen suchen."
Psalm 119,2; LÜ

Diese Aussagen lassen sich in einem kurzen Satz zusammenfassen:

Gott belohnt die, die ihn suchen.

>> „Wenn ihr mich sucht, werdet ihr mich finden. Ja, wenn ihr mich von ganzem Herzen sucht, will ich mich von euch finden lassen."
Jeremia 29,13-14; Hfa

Gott wartet darauf, dass wir ihm aufmerksam ins Angesicht schauen. Was bringt ihn zum Lächeln? Wann runzelt er seine Stirn und was lässt seine Augen funkeln? Wann hat er Tränen in seinen Augen? Er möchte, dass Sie es wissen. Und denen, die versuchen, genau das herauszufinden, gibt er sein Versprechen: „[Wenn] mein Volk [...] mich sucht [...], dann höre ich es im Himmel. Ich verzeihe seine Sünde und bringe seinem Land Heilung" (2. Chronik 7,14; EÜ). In der Elberfelder Übersetzung heißt es: „[Wenn mein Volk] ... mein Angesicht sucht ..."

Aber wie können wir das tun? Wie können wir das Angesicht eines unsichtbaren Gottes suchen?

Indem wir seinen Brief, die Bibel lesen. Denn: „Die Schrift verweist auf mich“ (Johannes 5,39; NL).

Diejenigen, die sein Angesicht suchen wollen, lesen sein Wort. Wir können sein Angesicht auf vielerlei Arten suchen: in der Anbetung, in der Gemeinschaft mit anderen Christen, in der Stille. Doch immer gehört die Bibel mit dazu.

>> Kein anderes Buch ist mit der Bibel vergleichbar! Denken Sie allein daran, wie Sie verfasst wurde.

Stellen Sie sich vor, ein Kunstmuseum würde ein Gemälde in Auftrag geben, das von 40 verschiedenen Künstlern gemalt werden soll. Die Künstler arbeiten in ihren Studios und haben keine Ahnung von dem, was die anderen machen. Und trotzdem verbinden sich diese 40 Bilder, wenn man sie alle an einer Wand zusammen aufhängt, zu einer vollkommenen Landschaft. Was für ein Zufall!?

Oder stellen Sie sich Folgendes vor: 40 Architekten machen sich gemeinsam daran, ein

Gebäude zu entwerfen. Einige von ihnen wissen, was ein paar andere tun – andere hingegen wissen nicht einmal, dass irgendjemand anderes überhaupt etwas tut. Als sie sich treffen, um ihre Gedanken zusammenzutragen, stellen sie fest, dass das Ergebnis ein absolut großartiger Entwurf ist. Könnte das wohl passieren?

Genau das ist bei der Bibel der Fall. Kein menschlicher Verleger hat das Buch in Auftrag gegeben. Kein Ausschuss hat einen Entwurf angefertigt, kein Herausgeber das Projekt betreut. Doch entgegen allen Erwartungen ist die Bibel ein Werk wie aus einem Guss – von der ersten bis zur letzten Seite. Obwohl sie über 16 Jahrhunderte hinweg geschrieben wurde ... obwohl sie von völlig unterschiedlichen Menschen geschrieben wurde: von Königen, Soldaten, Hirten, Bauern und Fischern – von einem Mose in der arabischen Einöde bis hin zu Johannes auf der vom Wind gepeitschten Insel Patmos –, ein Thema bindet alles in der Bibel wie mit einem roten Faden zusammen. Dieses Thema ist die Erlösung durch Jesus Christus.

James Hefley stellt fest: „Die 66 Bücher bilden ein vollkommenes Ganzes, sie sind eine zielgerichtete Offenbarung und ein fortschreitender Beweis dafür, dass die Bibel mehr ist als das Werk fehlbarer Menschen." Die Abfassung der Bibel unterstreicht ihre Glaubwürdigkeit.

Kein Wunder, dass die Bibel die Zeiten überdauert hat. Voltaire, der französische Skeptiker, schrieb folgende Worte in seinem Büro in Paris: „Ich werde durch den Wald der biblischen Schriften gehen und alle Bäume schälen und so zum Absterben bringen, dass in hundert Jahren der christliche Glaube in Vergessenheit geraten sein wird." Mit dieser Vermutung lag er nicht nur daneben, nein, die Ironie wollte es, dass genau der Raum, in dem er diese Worte niederschrieb, später von der Genfer Bibelgesellschaft gekauft ... und vom Boden bis zur Decke mit Bibeln gefüllt wurde.

Jeder einzelne Tag, jede Jahrhundertwende bestätigt die Prophezeiung von Petrus: „Das Wort des Herrn bleibt in Ewigkeit." (1. Petrus 1,25; E)

Was kommt der Beständigkeit der Bibel gleich? Wir geben dem Nummer-eins-Bestseller unsere Anerkennung. Wir geben Büchern, die für etliche Wochen die Bestsellerlisten anführen, Auszeichnungen. Wenn ein Buch die Spitze der Bestsellerliste für mehrere Jahre innehätte, würden wir jede einzelne Seite versilbern. Aber was würden wir tun, wenn ein Buch 300 Jahre lang die Nummer eins ist? Die Bibel erhebt diesen Anspruch für sich. Sie ist das am weitesten verbreitete und in die meisten Sprachen übersetzte Buch der ganzen Geschichte – erhältlich in mehr als 2.000 verschiedenen Sprachen und Dialekten.

>> „Das Wort Gottes ist lebendig, es ist eine wirkende Macht. Es ist schärfer als das schärfste beidseitig geschliffene Schwert. So wie ein Schwert tief einschneidet, die Gelenke durchtrennt und das Mark der Knochen freilegt, so dringt das Wort Gottes ins Innerste von Seele und Geist. Es deckt die geheimen Wünsche und Gedanken des Menschenherzens auf und hält über sie Gericht."
Hebräer 4,12

>> Wenden Sie die Bibel auf einen beliebigen Bereich Ihres Lebens an, und finden Sie selbst heraus, was passiert. <<

Die Bibel dringt wie ein Skalpell bis zum Menschenherz vor. Sie durchbohrt. Sie dringt bis dorthin durch, wohin das Auge nicht blicken kann, und berührt einen dort, wo keine Hand hinreichen kann.

Warum überzeugen Sie sich nicht selbst davon?

Wenden Sie die Bibel auf einen beliebigen Bereich Ihres Lebens an, und finden Sie selbst heraus, was passiert.

- *Wenden Sie die Bibel im Hinblick auf Ihre Finanzen an.* Verwalten Sie Ihr Geld so, wie es die Bibel vorschlägt: Geben Sie den Zehnten, sparen Sie, versorgen Sie Ihre Familie, geben Sie etwas den Armen. Stellen Sie Gottes Wort auf die Probe, und erleben Sie selbst, wie mächtig es ist.

- *Probieren Sie Gottes Wort an Ihrem Arbeitsplatz aus.* Nehmen Sie ernst, was die Bibel in Bezug auf das Verhalten am Arbeitsplatz sagt. Seien Sie ehrlich. Seien Sie pünktlich. Arbeiten Sie effizient. Vielleicht bekommen Sie sogar eine Beförderung.

» ***Wenden Sie die Bibel im Hinblick auf Ihre Beziehungen zu Menschen an.*** Vergeben Sie Ihren Feinden. Weigern Sie sich, hinter dem Rücken anderer zu reden. Tun Sie alles in Ihrer Macht Stehende, um mit anderen in Frieden zu leben. Hören Sie bereitwillig zu, und denken Sie nach, bevor Sie etwas sagen.

» Doch am allermeisten: ***Wenden Sie die Bibel im Hinblick auf Ihre Seele an.*** „Die heiligen Schriften [können] dir Weisheit verleihen [...], damit du durch den Glauben an Christus Jesus gerettet wirst" (2. Timotheus 3,15; EÜ).

Sie wollen wissen, weshalb die Bibel tatsächlich so unglaublich ist? Weil Jesus unglaublich ist. Und Jesus ist die Hauptfigur der Bibel.

Die Bibel zeichnet die Geschichte des Gottes nach, der uns nicht alleinlassen konnte.

Er konnte uns nicht mit unserer Sünde alleinlassen.

Er konnte uns nicht mit unserer Furcht alleinlassen.

Er konnte uns nicht mit dem Tod alleinlassen.

Deshalb wurde Gott einer von uns.

Er nahm unsere Gestalt an, unser Fleisch und – was am allerwichtigsten ist – er nahm unsere Sünde auf sich.

Er nahm unsere Stelle ein, damit wir zu ihm kommen können.

Das ist die Geschichte der Bibel.

Die Geschichte, die Menschenleben verändert, kann auch eine ganze Nation verändern.

Warum widersetzt sich ein Volk einem solchen Buch?

>> Er nahm unsere Stelle ein, damit wir zu ihm kommen können. Das ist die Geschichte der Bibel. <<

Man sollte meinen, dass so ein Buch für den Unterricht an Schulen verwendet wird. Zumindest ist es unter allen literarischen Werken der Menschheit das fesselndste. Und für Millionen von Menschen ist es Gottes heiliges Buch. Rechtfertigt solch ein Buch nicht eine heilige Ehrfurcht?

Wenn Völker zur Ehre Gottes da sind, wie lange wird Gott dann eine Nation noch segnen, die sein Wort, die Bibel, verunglimpft?

Anders ausgedrückt: Wenn die Bibel tatsächlich das Wort Gottes ist: Welch eine Kraft steht einem Volk zur Verfügung, das dieses Wort bereitwillig annimmt?

Die beiden Jünger, die nach Emmaus unterwegs waren, könnten Ihnen etwas davon berichten. Sie begegneten dieser Kraft am allerersten Ostersonntag. Sie waren durch die Kreuzigung völlig niedergeschlagen und tieftraurig (siehe Lukas 24,17). Ihr Kummer machte sie blind für die Gegenwart Jesu. Er war von den Toten auferstanden und war – obwohl sie es noch nicht bemerkt hatten – jetzt gekommen, um ihren Schmerz wegzunehmen.

Aber wie? Wie wollte er sie aufmuntern? Er ist fähig, alle Wunder des Universums zu vollbringen, ihm steht jede Waffe, alle Macht zur Verfügung und er hat himmlische Möglichkeiten zu heilen. Welches Wunder, welche Waffe, welche Art zu heilen wird er wählen? Die Bibel gibt die Antwort:

„Und Jesus erklärte ihnen die Worte, die sich auf ihn bezogen, von den Büchern Moses und der Propheten angefangen durch die ganzen Heiligen Schriften."
Lukas 24,27

Jesus öffnete ihnen die Augen und gab ihren beladenen Herzen neue Kraft durch die Schriften der

Bibel. Er wählte das größte Wunder, die stärkste Waffe und die wirksamste Art der Behandlung von allen: die Bibel.

Veränderte sich dadurch etwas? Bei den beiden Männern schon. „Brannte uns nicht das Herz in der Brust, als er unterwegs mit uns redete und uns den Sinn der Schrift erschloss?“ (Lukas 24,32; EÜ)

Veränderte sich etwas? Bei Alexander Smith auf *Pitcairn Island* schon.

„Als ich mich mit der Lebensgeschichte Jesu beschäftigte“, sagte er, „öffnete sich mein Herz, als würden Tore weit aufgetan.“

>> „Als ich mich mit der Lebensgeschichte Jesu beschäftigte“, sagte er, „öffnete sich mein Herz, als würden Tore weit aufgetan.“ <<

Kann die Bibel unser Leben verändern? Wenn es nach Gott geht, wird genau das geschehen: „[Wenn] mein Volk [mein Angesicht] sucht [...], dann höre ich es im Himmel. Ich verzeihe seine Sünde und bringe seinem Land Heilung“ (2. Chronik 7,14; EÜ).

Ich muss an das erinnert werden, was wahr ist. Gottes Wort gibt mir eine Dosis Realität. Es gibt Richtiges und Falsches; es gibt Konsequenzen für falsche Entscheidungen; die Zehn Gebote sind immer noch der Standard für das Leben; ich soll nicht Böses mit Bösem vergelten. [...] Die morgendliche Unterweisung aus Gottes Wort gibt mir eine Perspektive, die ich in der Welt nicht bekommen kann. Täglich brauche ich Gottes Kommentar zu meinem Leben. Ein Christ ... schwimmt in unserer Gesellschaft entgegen dem Strom. Ohne die beständige Nahrung durch das Wort Gottes wird er bald müde werden und von der Gewalt der Strömung einfach mitgerissen.

Steve Farrar, Point Man, S. 111

4.

Zurück zu Gott in Buße

„[Wenn] mein Volk,
über das mein Name ausgerufen ist,
sich demütigt und betet, mich sucht und **von seinen schlechten Wegen umkehrt,**
dann höre ich es im Himmel. Ich verzeihe seine Sünde und bringe seinem Land Heilung.“

(2. Chronik 7,14; EÜ)

Charles Robertson hätte sich selbst der Polizei stellen sollen. Das wäre die weiseste Entscheidung gewesen. Nicht dass er freigesprochen worden wäre. Immerhin hatte er gerade eine Bank ausgeraubt. Er wäre trotzdem ins Gefängnis gewandert, aber zumindest wäre er nicht zum Gegenstand des Gelächters von Virginia Beach geworden.

Der 19-jährige Robertson, der wie immer knapp bei Kasse war, ging an einem Mittwochnachmittag zur *Jefferson National Bank,* füllte einen Kreditantrag aus und ging wieder. Nach zwei Stunden kam er zurück – nicht um einen weiteren Antrag auszufüllen, sondern um eine Tasche zu füllen. Er kritzelte eine Botschaft auf einen Papierfetzen, in der er dem Bankangestellten mitteilte, dass er eine Waffe habe und Geld wolle. Der Bankangestellte gehorchte und schon hatte Robertson einen Sack voller Zaster in der Hand.

Da er annahm, dass die Polizei bald da sein würde, raste er zum Vordereingang hinaus.

Er war auf halbem Weg zum Auto, als er feststellte, dass er den Papierfetzen vergessen hatte. Weil er befürchtete, dass dieser als Beweisstück benutzt werden könnte, rannte er zurück in die Bank und entriss dem Bankangestellten den Zettel. Er lief wieder zum gleichen Eingang raus und einen Straßenblock weiter bis zu seinem Auto. Da bemerkte er, dass er noch einen Fehler begangen hatte: Er hatte seinen Schlüsselbund am Schalter liegen lassen, als er den Papierfetzen geholt hatte.

„An dieser Stelle", erzählte der Polizeibeamte Sam Thomson später kichernd, „überfiel Robertson die totale Panik."

Robertson lief zu einem nahe gelegenen Schnellrestaurant und verzog sich auf die Toilette. Dort nahm er eine lose Deckenplatte ab und versteckte das Geld und seinen Revolver in der Verkleidung. Dann hetzte er durch kleine Nebenstraßen, versteckte sich hinter Autos und kam endlich bei sich zu Hause an, wo sein Mitbewohner, der nichts von dem Banküberfall wusste, ihn mit den Worten „Ich brauch mein Auto" begrüßte. Robertsons Fluchtauto war nur geliehen gewesen. Anstatt das Verbrechen einzugestehen und zuzugeben, was er gemacht hatte, grub sich der unglückselige Bankräuber ein noch tieferes Loch.

„Ähhh – dein Auto wurde gestohlen."

„Na, dann werde ich die Polizei anrufen."

Robertson sah voller Angst und Bestürzung zu, wie sein Mitbewohner den Diebstahl seines Autos zur Anzeige brachte. Ungefähr zwanzig Minuten später entdeckte ein Polizist das „gestohlene“ Auto nur einen Straßenblock von der gerade ausgeraubten Bank entfernt. Über Polizeifunk hatte sich bereits herumgesprochen, dass der Bankräuber seinen Schlüsselbund vergessen hatte. Der Polizist zählte zwei und zwei zusammen und probierte den Autoschlüssel aus. Und ... er passte.

Ein paar Polizisten fuhren zur Adresse der Person, die den Diebstahl gemeldet hatte. Dort fanden sie auch Robertson. Er gestand, wurde wegen Bankraubs angeklagt und ins Gefängnis gesteckt.[3]

Robertson hätte sich der Polizei stellen sollen. Jeder Schritt, den er unternahm, war ein Schritt in die falsche Richtung. Ein Schritt, den er hinterher bereute.

>> Robertson hätte sich der Polizei stellen sollen. Jeder Schritt, den er unternahm, war ein Schritt in die falsche Richtung. Ein Schritt, den er hinterher bereute. <<

Doch: Er ist nicht der Einzige, dem es so geht. Vielleicht haben wir kein Geld gestohlen, sondern nur eine Situation zu unseren Gunsten ausgenutzt oder die Kontrolle über etwas an uns gerissen oder aber nicht nach unserem gesunden Menschenverstand gehandelt und uns dann – wie Robertson – aus dem Staub gemacht.

Wir laufen vor uns selbst davon und täuschen andere. Wir verstecken uns hinter unserem Fortschritt und Erfolg, hinter unserer Arbeit und den ach so wichtigen Terminen.

Aber Gott fordert nur eins von uns: Ehrlichkeit. Er hat von keinem Volk Perfektion verlangt, sondern nur Aufrichtigkeit.

>> Aber Gott fordert nur eins von uns: Ehrlichkeit. Er hat von keinem Volk Perfektion verlangt, sondern nur Aufrichtigkeit. <<

Schon zur Zeit Moses hat Gott versprochen: „Aber dann werden sie ihre Schuld und die Schuld ihrer Vorfahren bekennen, sie werden es bereuen, dass sie mir die Treue gebrochen und sich mir widersetzt haben. Ich musste sie dafür bestrafen und sie in das Land ihrer Feinde treiben. Aber wenn ihr trotziges Herz sich beugt und sie genug für ihre Schuld gebüßt haben, will ich mich an meinen Bund mit Jakob erinnern und an meinen Bund mit Isaak und mit Abraham und werde an das Land denken, das ich ihnen für ihre Nachkommen versprochen hatte“ (3. Mose 26,40-42).

Nehemia wusste den Wert von Aufrichtigkeit zu schätzen. Als er davon hörte, dass die Mauern Jerusalems verfallen waren, gab er da Gott die Schuld daran?

Machte er den Allmächtigen dafür verantwortlich?

Keinesfalls.

Lesen Sie sein Gebet:

„Sieh mich, deinen Diener, freundlich an und habe ein offenes Ohr für mein Gebet! Tag und Nacht flehe ich zu dir für die Menschen, die dir dienen, dein Volk Israel! Ich bekenne dir die Sünden, die wir Israeliten gegen dich begangen haben. Wir haben Unrecht getan; auch ich und meine Verwandten haben sich verfehlt."
Nehemia 1,6-7

Der zweitmächtigste Mann im ganzen Reich stellt sich selbst zu seiner Sünde. Er ist bereit, Verantwortung für den Niedergang seines Volkes zu übernehmen. Doch die Szene seines persönlichen Sündenbekenntnisses ist nichts im Vergleich zu dem Tag, an dem das ganze Volk seine Sünde bereut und zu Gott umkehrt:

„Alle, die als Nachkommen Jakobs zu Israel gehörten, trennten sich ausdrücklich von allen Fremden und traten vor den Herrn, um ihre Schuld und die Schuld ihrer

Vorfahren zu bekennen. Sie erhoben sich von ihren Plätzen und drei Stunden lang wurde ihnen aus dem Gesetzbuch des Herrn, ihres Gottes, vorgelesen. Dann warfen sie sich vor dem Herrn nieder und bekannten ihm ihre Verfehlungen, ebenfalls drei Stunden lang."
Nehemia 9,2-3; NLB

>> Was für ein ergreifendes Bild. Hunderte von Menschen verbringen Stunden im Gebet. Nicht um Gott um etwas zu bitten oder um sich herauszureden – sie bekennen ihre Schuld. „Ich bin schuldig, Gott." „Ich habe versagt, Vater." Können Sie sich vorstellen, wie Politiker oder gewählte Verantwortungsträger oder hohe Gerichtsangestellte sich treffen und einen Tag lang zu Gott beten, um ihm ihre Sünden zu gestehen?

Ein anderes Beispiel: Der Hohepriester im alten Israel legte beide Hände auf den Kopf eines lebenden Ziegenbocks. Damit gehorchte er Gott, der folgende Anweisung gab: „[Aaron soll] seine beiden Hände auf dessen Kopf legen und über ihm bekennen alle Missetat der Israeliten und alle ihre Übertretungen, mit denen sie sich versündigt haben, und soll sie dem Bock auf den Kopf legen und ihn durch einen Mann, der bereitsteht, in die Wüste bringen lassen, dass also der Bock alle ihre Missetat auf sich nehme und in die Wildnis trage; und man lasse ihn in der Wüste" (3. Mose 16,21-22; NLB).

Diese Vorgehensweise überzeugte die Augenzeugen von drei Dingen:

1. *Gott verabscheut Sünde. Gott befasst sich mit unserer Sünde. Unsere Aufgabe ist es, in Bezug auf unsere Sünde ehrlich zu sein.*

Das Sündenbekenntnis ist für die Seele das Gleiche wie das Beackern einer Anbaufläche für den Boden. Bevor der Bauer das Saatgut ausstreut, bearbeitet er den Boden, nimmt größere Steine weg und entfernt Baumstümpfe. Warum? Die Saat gedeiht besser auf vorbereitetem Boden. Gottes Saat wächst besser in einer gereinigten Seele. Wenn wir unsere Sünden bekennen, laden wir Gott ein, den

Acker unseres Herzens zu bearbeiten. „Hier gibt es einen großen Stein von Habgier, Vater. Ich kann ihn nicht bewegen. Und diesen Baum von Rassismus in der Nähe des Zauns? Die Wurzeln sind lang und stark. Und hier gibt es noch ziemlich viel trockenen Boden, der viel zu hart ist für die Saat."

Wenn wir unsere Sünden bekennen, bitten wir Gott um eine Begnadigung, nicht um Amnestie, einen (allgemeinen) Straferlass. Die Begnadigung hat die Schuld klar vor Augen; die Amnestie hingegen, die sich vom gleichen griechischen Wort herleitet wie *Amnesie* (Gedächtnisschwund), „vergisst" die vermeintliche Straftat, ohne eine Schuld anzurechnen. Ein Bekenntnis gibt das Unrecht zu und bittet um Vergebung; Amnestie dagegen leugnet das Unrecht und beteuert die eigene Unschuld.

>> Gott verabscheut Sünde. Gott befasst sich mit unserer Sünde. Unsere Aufgabe ist es, in Bezug auf unsere Sünde ehrlich zu sein. <<

Petrus ist ein Vorbild für ein aufrichtiges Bekennen von Schuld. Erinnern Sie sich noch an Petrus? Den Petrus, der das Schwert zückte und kurze Zeit später Jesus verleugnete? Der Apostel, der in einem Augenblick den Mund voll nahm und sich im nächsten aus dem Staub machte? Er machte ein Nickerchen, als er beten sollte. Leugnete, als er bekennen sollte. Fluchte, als er trösten sollte. Rannte weg, als er bleiben sollte.

Wir erinnern uns an Petrus als denjenigen, der weglief, aber erinnern wir uns auch an den Petrus, der sich freiwillig stellte? Das sollten wir. Denken Sie einmal über folgende Fragen nach:

Wie erfuhren die Schreiber des Neuen Testaments von seiner Verfehlung? Wer erzählte ihnen etwas davon, dass er Jesus verleugnete? Und – noch wichtiger – wie erfuhren sie die Details? Wer hatte ihnen etwas von dem Mädchen am Tor gesagt und von den Soldaten, die das Feuer anzündeten? Wie konnte Matthäus wissen, dass sich Petrus durch seinen Akzent verriet? Woher wusste Lukas von dem Blick, den Jesus Petrus zuwarf? Wer erzählte den Schreibern der vier Evangelien von dem Hahn, der krähte, und von den Tränen, die flossen?

Der Heilige Geist? Ich denke schon. Es könnte schon sein, dass jeder der Schreiber durch göttliche Eingebung von den Vorkommnissen um Petrus herum erfuhr. Oder – was wahrscheinlicher ist – jeder Schreiber erfuhr von dem Bekenntnis *durch* ein aufrichtiges Bekenntnis. Petrus stellte sich freiwillig. Genau wie Robertson hatte Petrus es vermasselt. Aber im Gegensatz zu Robertson setzte Petrus einen Schlusspunkt.

Er hörte auf wegzurennen, fiel auf seine Knie, vergrub sein Gesicht in seinen Fischerhänden und gab auf.

Petrus kehrte um. Er vollzog eine 180-Grad-Wende. Da stand er, der stämmige Mann, und füllte den Türrahmen des Zimmers, in dem sich Jesus mit seinen Jüngern regelmäßig traf, aus. „Jungs, ich muss mir etwas von der Seele reden." Er beschrieb diesen schrecklichen Morgen, das Feuer, das Mädchen und wie Jesus ihn ansah. Sie hörten die Geschichte, wie Petrus anfing zu fluchen und wie der Hahn dann krähte. Er stellte sich freiwillig.

>> Er hörte auf wegzurennen, fiel auf seine Knie, vergrub sein Gesicht in seinen Fischerhänden und gab auf. <<

Wie ich mir da so sicher sein kann?

Petrus konnte einfach nicht ohne Jesus leben. Wer war der Erste, der zum leeren Grab rannte? Wer war der Erste, der aus dem Boot sprang, um zu Jesus zu schwimmen, als dieser am Ufer stand?

2. *Wer Geheimnisse vor Gott hat, hält einen Sicherheitsabstand zu Gott. Wer dagegen aufrichtig vor Gott ist, kommt in die Nähe Gottes.*

Wird unser Land das jemals tun? Umkehren, so wie Petrus? Beten, so wie Nehemia und die Juden? Wird unser Volk vor Gott ehrlich sein?

Möglicherweise dann, wenn die Gemeinde Jesu mit gutem Beispiel vorangeht.

Beachten Sie einmal besonders die ersten und die letzen Worte des Versprechens Gottes. „[Wenn] *mein Volk,* über das mein Name ausgerufen ist, sich demütigt und betet, mich sucht und von seinen schlechten Wegen umkehrt, dann höre ich es im Himmel. Ich verzeihe seine Sünde *und bringe seinem Land Heilung*“ (2. Chronik 7,14; EÜ; Hervorhebung durch den Autor).

>> Wer Geheimnisse vor Gott hat, hält einen Sicherheitsabstand zu Gott. Wer dagegen aufrichtig vor Gott ist, kommt in die Nähe Gottes. <<

„Mein Volk“ und „bringe seinem Land Heilung“. Die Heilung des Landes fängt mit dem Volk Gottes an. Das ganze Land verändert sich, wenn die Christen sich verändern. Die Kultur verändert sich, wenn das Volk Gottes sich verändert. Und diese

Veränderung setzt ein, wenn wir umkehren. Wer das aufrichtig will, kann sagen: Mein Land muss sich verändern und die Veränderung muss bei mir beginnen.

Die meisten haben kein Problem mit dem ersten Teil des Satzes: „Mein Land muss sich verändern." Die Liste unserer Klagen wächst proportional zu der der Defizite in unserem Land. Unsere Unterhaltungsindustrie muss sich ändern. Die Steuern müssen sich verändern. Die Regierung, die Gerichte, die Presse, das Militär, die Erziehung ... Wir wissen genau, was sich alles ändern muss.

Wir fangen an, uns wie der Mann bei dem Gebetstreffen zu fühlen. Während des persönlichen Gebets stand er ganz allein und betete: „Guter Gott, ich danke dir, dass es in diesem Land Menschen wie mich gibt. Der Mann an der Straßenecke braucht die städtische Wohlfahrt – ich nicht. Die Prostituierte auf der Straße hat AIDS – ich nicht. Der Penner in der Kneipe braucht seinen Alkohol – ich nicht. Der Homosexuellenausschuss braucht Moral – ich nicht. Ich danke dir, dass es in diesem Land Menschen wie mich gibt."

In dem gleichen Gebetstreffen betete ein Mann mit demütigem Herzen. Er war so reuevoll, dass er nicht einmal wagte aufzublicken, als er betete: „Gott, hab Erbarmen mit mir – einem Sünder. So, wie mein Bruder die Wohlfahrt braucht, so bin ich auf deine Gnade angewiesen. Wie meine Schwester mit AIDS infiziert ist, bin ich infiziert mit meinen eigenen Fehlgriffen. Wie meine Freunde, die trinken – brauche ich etwas, um meinen Schmerz zu betäuben. Und so wie diejenigen, die du liebst und die homosexuell sind – brauche auch ich Wegweisung. Hab Erbarmen mit mir, einem Sünder."

Nachdem Jesus eine ähnliche Geschichte erzählt hatte, sagte er: „Ihr könnt sicher sein, dieser Mann ging von seiner Schuld befreit nach Hause, nicht aber der Pharisäer. Denn der Stolze wird gedemütigt, und der Demütige wird erhöht werden" (Lukas 18,14; Hfa).

3. *Überheblichkeit zeigt mit dem Finger auf das Problem. Demut zeigt mit dem Finger auf sich selbst und gibt zu, Teil des Problems zu sein.*

Gottes Versprechen ist ganz klar: „Wenn mein Volk... von seinen falschen Wegen umkehrt – wenn es aufhört, auf andere zu zeigen und bei sich selbst anfängt –, dann verzeihe ich seine Sünde und bringe seinem Land Heilung."

Charles Robertson demütigte sich nicht selbst und bekannte seine Sünde nicht – und schließlich war es zu spät. Er rannte und rannte, bis es keinen Ort mehr gab, wo er hätte hinrennen können. Und jetzt saß er in der Klemme der Justiz.

Bei Petrus war es anders. Obwohl sein Fehlverhalten, seine Verleugnung schockierend ist und getadelt werden muss, so hörte der Fischer doch auf davonzulaufen, er drehte sich um und rannte zurück zu Jesus Christus. In der Gegenwart seines Retters fand Petrus die Gnade und Barmherzigkeit, nach der sein Herz hungerte, nicht den gerechten Urteilsspruch, den er eigentlich verdient hatte.

>> Wäre das doch auch für Sie und mich der Fall. Wäre das doch auch für unser Land der Fall.

„Glücklich der, dem Übertretung vergeben, dem Sünde zugedeckt ist" (Psalm 32,1; E). Stellen Sie sich zwei Straßen vor. Die eine ist sauber und viele sind auf ihr unterwegs; die andere ist schmutzig und voll tiefer Spurrillen, die in den Straßengraben führen. Nach einem heftigen Schneefall sind beide Straßen gleichermaßen mit einer weißen Schicht bedeckt. Genauso deckt Gott unsere Sünden zu, die großen wie die kleinen: „Wenn eure Sünde auch blutrot ist, soll sie doch schneeweiß werden, und wenn sie rot ist wie Scharlach, soll sie doch wie Wolle werden" (Jesaja 1,18; LÜ).

Erwin Lutzer, *After You've Blown It*, S. 46-47

Schlussgedanken

„[Wenn] mein Volk,
über das mein Name ausgerufen ist,
sich demütigt und betet, mich sucht und von
seinen schlechten Wegen umkehrt,
**dann höre ich es im Himmel. Ich verzeihe
seine Sünde und bringe seinem Land Heilung.**“

2. Chronik 7,14; EÜ

Als unsere Töchter noch kleiner waren, zogen wir einmal los, um Schreibtische zu kaufen. Ich selbst brauchte einen neuen für mein Büro, und Sara und Andrea hatten wir neue Schreibtische für ihre Zimmer versprochen. Unsere siebenjährige Sara war besonders begeistert von dieser Idee. Raten Sie mal, was sie tat, wenn sie von der Schule nach Hause kam. Sie spielte Schule. Ich habe das als Kind nie gespielt. Ich habe vielmehr versucht, die Schule möglichst zu vergessen. Meine Frau beruhigte mich und versicherte mir, dass dies mit der unterschiedlichen Aufmerksamkeitsspanne bei Jungen und Mädchen zu tun habe. So machten wir uns also auf den Weg zum Möbelgeschäft.

Wenn meine Frau Denalyn Möbel kauft, schwankt sie normalerweise zwischen zwei Extremen: Entweder das Stück ist so antik, dass es fast auseinanderfällt, oder aber so neu, dass es noch unlackiert bzw. ungestrichen ist.

Dieses Mal entschieden wir uns für Letzteres und gingen in ein Geschäft mit unbehandelten Naturholzmöbeln.

Andrea und Sara hatten schon bald etwas Passendes für sich gefunden und auch ich suchte mir einen Schreibtisch aus. Im Laufe des Einkaufs erfuhr Sara, dass wir die Schreibtische nicht gleich mit nach Hause nehmen würden. Diese Neuigkeit beunruhigte sie sehr. Ich erklärte ihr, dass die Schreibtische noch lackiert werden müssten und dann in ungefähr vier Wochen zu uns gebracht würden. Ich hätte genauso gut „viertausend Jahre“ sagen können.

In ihren Augen standen Tränen. „Aber, Papa, ich wollte ihn heute mit nach Hause nehmen.“

Ich rechne es ihr hoch an, dass sie damals nicht mit dem Fuß aufstampfte und auf ihrem Willen bestand.

Doch sie tat etwas anderes: Sie hatte es sich in den Kopf gesetzt, die Meinung ihres Vaters zu ändern. Wann immer ich mich umdrehte, stand sie vor mir.

>> Sie hatte es sich in den Kopf gesetzt, die Meinung ihres Vaters zu ändern. Wann immer ich mich umdrehte, stand sie vor mir. <<

„Papa, meinst du nicht, dass wir den Schreibtisch selbst lackieren könnten?“

„Papa, ich möchte doch nur ein paar kleine Bilder auf meinem neuen Schreibtisch malen.“

„Papa, lass ihn uns doch bitte heute mit nach Hause nehmen.“

Nach einer Weile verschwand sie, nur um kurze Zeit später wieder zurückzukommen, mit weit ausgebreiteten Armen und voller Stolz über ihre Entdeckung: „Stell dir mal vor, Papa, der Schreibtisch passt sogar hinten ins Auto rein."

Sie wissen genauso gut wie ich, dass ein Kind, das in die zweite Klasse geht, keine Vorstellung davon hat, was in ein Auto hineinpasst und was nicht. Aber die Tatsache, dass sie die Ladefläche mit ihren Armen ausgemessen hatte, erweichte mein Herz. Der Trumpf aber, den sie ausspielte und der den Ausschlag gab, war die Anrede, die sie verwendete: „Papa, bitte! Können wir ihn nicht schon heute mit nach Hause nehmen?"

Familie Lucado nahm an diesem Tag tatsächlich einen Schreibtisch mit nach Hause.

Ich hörte mir Saras Bitte an, und zwar aus demselben Grund, aus dem Gott unsere Bitten hört. Ihr Wunsch war zu ihrem Besten. Welcher Vater wäre dagegen, dass sein Kind mehr Zeit damit verbringt, zu schreiben und zu malen? Sara wollte genau das, was auch ich für sie wollte, sie wollte es nur etwas eher.

>> Wenn wir mit dem übereinstimmen, was Gott möchte, dann wird er unsere Bitten erhören. (vgl. 1. Johannes 5,14).

Saras Bitte kam von Herzen.

Gott lässt sich in der gleichen Weise durch unsere Aufrichtigkeit bewegen.

„Des Gerechten Gebet vermag viel, wenn es ernstlich ist“ (Jakobus 5,16; LÜ).

Aber am allermeisten bewegte mich Saras Anrede „Papa“. Weil sie mein Kind ist, gab ich ihrer Bitte nach.

Weil wir Gottes Kinder sind, erhört Gott unsere Bitten. Der König der ganzen Schöpfung achtet ganz besonders auf die Stimmen derer, die zu seiner Familie gehören. Er ist nicht nur bereit, uns anzuhören, nein, er liebt es, uns anzuhören. Ja, er sagt uns sogar, worum wir ihn bitten sollen: „Dein Reich komme.“

Dein Reich komme

Oft geben wir uns mit wenig zufrieden. Oft kommen wir mit einem Schulranzen voller Bitten in Gottes Gegenwart – mit der Hoffnung auf eine Beförderung, eine Gehaltserhöhung, die Lösung von Kommunikationsproblemen und vielen Lektionen, die wir zu lernen haben.

>> Oft genug beten wir zu Gott so, als würden wir beim Drive-in einen Hamburger bestellen: „Ich hätte gern ein gelöstes Problem, zwei besondere Wohltaten, und zwar ohne irgendwelche Schwierigkeiten.“ <<

Oft genug beten wir zu Gott so, als würden wir beim Drive-in einen Hamburger bestellen: „Ich hätte gern ein gelöstes Problem, zwei besondere Wohltaten, und zwar ohne irgendwelche Schwierigkeiten.“

Aber eine solche Selbstzufriedenheit erscheint recht kurzsichtig. Da stehen wir vor dem König der Könige und begrenzen unser Gespräch auf derart Alltägliches? Nicht, dass Gott sich nicht um unsere Bedürfnisse und Wünsche kümmert. Die Gehaltserhöhung ist immer noch nötig und die Beförderung ein berechtigter Wunsch. Aber sollten wir damit anfangen?

Jesus verrät uns, womit wir beginnen sollten. „Wenn ihr betet, so sprecht: ‚Vater! Dein Name werde geheiligt. Dein Reich komme.'" (Lukas 11,2; LÜ).

Wenn Sie beten: „Dein Reich komme", dann laden Sie den Messias, den Retter der Welt, höchstpersönlich ein, in Ihre Lebenswelt zu kommen. „Komm, mein König! Nimm deinen Thron in unserem Land ein. Sei in unserer Nation gegenwärtig. Regiere du über unsere Politiker. Nimm du meine Familie, meine Ängste und Zweifel in deine Hände." Das ist alles andere als die Bitte eines Schwächlings. Es ist der von Zuversicht geprägte Wunsch an Gott, jeden Winkel Ihres Lebens mit seiner Gegenwart zu füllen.

Wer sind Sie, dass Sie eine solche Bitte äußern?

Sie sind sein Kind, um Himmels willen!

„Darum wollen wir mit Zuversicht vor den Thron unseres gnädigen Gottes treten. Dort werden wir, wenn wir Hilfe brauchen, stets Liebe und Erbarmen finden" (Hebräer 4,16).

Wenn schon ich, ein fehlerhafter Vater, der Bitte meines Kindes nachgebe, wie viel mehr wird unser vollkommener Vater auf unsere Bitten antworten?

Machen Sie Gebrauch von diesem wunderbaren Vorrecht.

Ergreifen Sie diese Gelegenheit.

Kehren Sie um.

Wenden Sie sich Gott zu.

Wenn Sie das tun, wenn wir das tun, wenn sein Volk das tut, wird er unserem Land Heilung bringen.

>> Ergreifen Sie diese Gelegenheit. Kehren Sie um. Wenden Sie sich Gott zu. Wenn Sie das tun, wenn wir das tun, wenn sein Volk das tut, wird er unserem Land Heilung bringen. <<

Übrigens: Die Geschichte von Sara und ihrem Schreibtisch hörte nicht im Geschäft auf. Auf dem Weg nach Hause merkte sie, dass mein Schreibtisch noch immer im Laden war. „Wahrscheinlich hast du nicht darum gebeten, ihn mitnehmen zu dürfen, nicht wahr, Papa?“ (Wir haben nicht, weil wir nicht bitten.)

Als wir den Schreibtisch aus dem Auto holten, lud Sara mich ein, den Schreibtisch gemeinsam mit ihr einzuweihen, indem wir ein Bild malten. Ich malte ein Bild, auf dem stand: *Saras Schreibtisch.* Sie malte ein Bild, auf dem stand: *Ich liebe meinen Papa.* (Dankbarkeit und Anbetung sind die angemessene Reaktion auf eine erhörte Bitte.)

Meine Lieblingsstelle in dieser Geschichte ist das, was am nächsten Tag passierte. Ich erzählte die Begebenheit in der Predigt im Gottesdienst. Ein Ehepaar aus unserer Gemeinde kam anschließend bei uns vorbei und bot uns an, den Schreibtisch anzustreichen. Als sie ihn zwei Tage später zurückbrachten, war er voller Engel. Und ich wurde an etwas erinnert: Wenn wir beten „Dein Reich komme", dann kommt es auch!

Alle Engel des Himmels eilen uns zur Hilfe.

Anmerkungen

[1] Ed Young, Been There. Done That. Now What? (Nashville, TN: Broadman & Holman, 1994), 15.

[2] D. James Kennedy and Jerry Newcome, What If the Bible Had Never Been Written? (Nashville, TN: Thomas Nelson Publishers, 1998), 30-31, 35.

[3] Mike Mather, „Robber Leaves Keys to Getaway Car in Bank“, Virginia-Pilot, February 3, 1995.